MIXTE
Papier issu de sources responsables
FSC® C102228

Gallimard Jeunesse/Giboulées
Sous la direction de Colline Faure-Poirée

Conception graphique : Néjib Belhadj Kacem

ISBN : 9782070639243
Premier dépôt légal : mars 2011
Dépôt légal : mai 2015
Numéro d'édition : 290855
Loi n° 49956 du 16 juillet 1949
sur les publications destinées à la jeunesse
Imprimé en France par Pollina - L72379d

Tout seul

Textes : Dr Catherine Dolto et Colline Faure-Poirée
Illustrations : Frédérick Mansot

GIBOULÉES
GALLIMARD JEUNESSE

Quand on grandit, on a de plus en plus envie de faire des choses tout seul. Quelquefois, les parents ne se rendent pas compte de tout ce qu'on sait faire soi-même. À trois ans, on peut s'habiller tout seul, se laver et aller sur son pot ou même sur les toilettes comme les grandes personnes.

Parfois les grandes personnes nous demandent de faire quelque chose d'une certaine façon. Mais on se sent obligé de dire non pour pouvoir le faire à notre manière, même si c'est un petit peu plus long ou plus compliqué.

tel mamie
06 47 96 5
mamie
0747 9650
51

Quelquefois on ne peut pas faire quelque chose tout seul même si on en a très envie, parce que c'est dangereux. Par exemple, traverser la rue tout seul, utiliser des objets coupants, des appareils électriques ou prendre un bain quand personne ne nous surveille.

Parfois, après une grosse colère,
un gros chagrin ou une grande joie,
on a besoin de rester tout seul.
Et c'est très agréable quand les
grandes personne respectent cela.

Quelquefois on sent qu'on peut faire quelque chose tout seul, mais les parents ne nous croient pas. Alors, il faut se débrouiller pour leur montrer qu'on est capable de le faire sans se mettre en danger.

LÀ, JE M'ARRÊTE !

Quand on s'aperçoit qu'il nous faut encore de l'aide, c'est dur surtout si les grandes personnes rient parce qu'on a essayé sans réussir et qu'ils le racontent aux autres. Ça nous enlève de la confiance en nous.

THE
BEST

Quelquefois on s'exerce tout seul, en cachette, à faire quelque chose de difficile et, quand on y arrive, on est très fier et on a confiance en soi.

Quelquefois on a peur de rester
seul mais, si on nous encourage,
on s'aperçoit qu'on y arrive très
bien et on se sent grand
et plus confiant.

On n'est jamais vraiment seul
quand on aime et qu'on est aimé.
On est toujours présent dans
le cœur de ceux qui nous aiment
comme ils le sont dans le nôtre,
ça donne des forces.

C'est précieux de savoir se consoler
ou prendre soin de soi tout seul
quand on a un moment difficile.

Quand on est petit, on veut faire tout, tout seul sans les grands, mais plus tard on découvre que c'est aussi très agréable de faire des choses ensemble.

Dans la même collection :

1 Filles et garçons
2 Dans tous les sens
3 Des amis de toutes les couleurs
4 Bouger
5 La nuit le noir *
6 Les chagrins *
7 Les bêtises
8 Moi et mon ours
9 Les gros mots
10 Les papas
11 Les mensonges
12 Quand les parents sortent
13 On s'est adoptés
14 Vivre seul avec papa ou maman
15 Gentil méchant
16 Jaloux pas jaloux
17 Attendre un petit frère ou une petite sœur *
18 Les mamans
19 Les câlins
20 Un bébé à la maison *
21 À la crèche
22 Les colères *
23 Les bobos
24 Les grands-parents
25 Attention dans la maison
26 Mon docteur
27 Les doudous
28 Propre
29 Les cadeaux
30 Si on parlait de la mort
31 Respecte mon corps
32 Les parents se séparent *
33 Pipi au lit
34 Tout seul
35 Ça fait mal la violence
36 Les premières fois
37 Prends soin de ta planète
38 Dire non
39 La télévision
40 Y'en a marre des tototes
41 Caca prout *
42 La peur
43 Donner
44 Polis pas polis
45 Les jumeaux
46 L'opération
47 L'hôpital
48 Les urgences
49 Chez le psy
50 L'amitié
51 La famille
52 La naissance *
53 J'ai deux pays dans mon cœur
54 Juste pas juste
55 Changer de maison
56 La maternelle *
57 Vivre avec un handicap

58 La honte
59 Frères et sœurs
60 Bouder
61 Raconte-moi une histoire
62 Les animaux de la maison
63 Les vaccins
64 La timidité
65 Fâchés, pas fâchés
66 La rue, mode d'emploi
67 Les allergies
68 Prêter
69 À la cantine
70 Ma famille recomposée
71 Les nounous
72 Faire confiance
73 Pourquoi tu pleures ?
74 Obéir désobéir

** Les titres marqués d'une étoile existent au format numérique avec la possibilité d'écouter le texte lu par Catherine Dolto.*